L m 422

MAISON
DE FRANCE.

DE L'IMPRIMERIE DE C.-F. PATRIS,
Rue de la Colombe, N°. 4, quai de la Cité.

A MONSIEUR

BAYARD DE PLAINVILLE,

DÉPUTÉ DE L'OISE, en 1815.

Je cède à votre désir, mon ami; je vous envoye le petit travail dont je m'étais occupé depuis quatre ans; depuis plus long-temps je le suis d'un ouvrage dont ceci peut vous donner l'idée; mais, comme vous le savez, j'ai si peu de moments dont je puis disposer !

Vous connaissez mon attachement et mon admiration pour cette auguste maison de France, la plus ancienne, comme dit Bossuet, et qu'aucune n'égale en grandeur. Le pape saint Grégoire a donné dès les premiers siècles, cet éloge singulier, à la couronne de France, qu'elle est autant au-dessus des autres couronnes du monde, que la dignité royale surpasse les fonctions particulières, etc.

Je voudrais rappeler à tous les Français

ce sentiment de respect et d'admiration qu'éprouvaient nos aïeux pour l'antique race de nos Rois, et la fierté qu'ils avaient d'être gouvernés par des princes qui en descendent.

Vous connaissez, mon ami, tous mes sentiments pour vous.

De F.

ÉTAT ACTUEL

DE LA MAISON DE FRANCE.

LOUIS-STANISLAS-XAVIER, nommé à sa naissance, le 17 novembre 1755, comte de Provence; appelé au trône, en 1795, à la mort de Louis XVII, fils de Louis XVI et de Marie-Antoinette de Lorraine d'Autriche;

Charles-Philippe, frère de Louis XVIII, nommé à sa naissance, le 9 octobre 1757, comte d'Artois, aujourd'hui *Monsieur*, frère unique du Roi;

Louis-Antoine d'Artois, Duc d'Angoulême, fils de *Monsieur*, né le 6 août 1775, marié à Marie-Thérèse-Charlotte, fille de Louis XVI, née le 19 décembre 1778;

Charles-Ferdinand d'Artois, Duc de Berri, second fils de *Monsieur*, né le 24 janvier 1770.

Descendants de Louis XVI et de Marie-Thérèse d'Autriche.

Charles IV, monté sur le trône d'Espagne en 1788, marié à Louise-Marie-Thérèse de Parme.

Ferdinand VII, fils de Charles IV, né le 14 octobre 1784, monté sur le trône par l'abdication de son père le 19 mars 1808.

Charles-Marie-Isidore, frère de Ferdinand VII, né le 29 mars 1788.

François de Paule-Antoine-Marie, frère de Ferdinand VII, né le 10 mars 1794;

La régente de Portugal,
La reine d'Etrurie, } Sœurs de Ferdinand IV.
La princesse héréditaire des Deux-Siciles,

Au Brésil.

Né au mois de novembre 1811, un fils de Don Pédro, celui-ci fils de l'infant Don Gabriel, frère de Charles IV.

Antoine-Paschal, autre frère de Charles IV, né au mois de décembre 1755.

Deux-Siciles.

Ferdinand IV, frère de Charles IV, Roi d'Espagne, né à Naples le 2 janvier 1751, monté sur le trône le 5 octobre 1759, marié à Marie-Charlotte, archiduchesse d'Autriche, sœur de la femme de Louis XVI.

François-Janvier, Prince héréditaire, né au mois d'août 1777, marié en secondes noces avec Marie Isabelle d'Espagne ;

Ferdinand, fils de François, né le 12 janvier 1810 ;

Charles-François, second fils de François, né le 10 octobre 1811.

Trois filles, une du premier lit,

Deux du second.

Léopold-Jean, second fils de Ferdinand IV ;

Deux filles de Ferdinand IV, encore existantes ;

La duchesse de Genevois, et la duchesse d'Orléans.

Parme ou Étrurie.

Charles-Louis, Roi d'Etrurie, né en 1799 ;
Sa sœur Louise-Charlotte, née en 1802.

Descendants de Louis XIII et d'Anne d'Autriche.

Louis-Philippe, duc d'Orléans, né le

6 octobre 1773, marié au mois de novembre 1809 à Marie-Amélie, princesse des Deux-Siciles, née en 1782;

Ferdinand-Louis, duc de Chartres, fils du duc d'Orléans, né au mois de septembre 1810;

Deux filles du duc d'Orléans :

Louise-Eugène, sœur du duc d'Orléans, née le 23 août 1777;

Louise - Marie - Adélaïde de Bourbon-Penthièvre, mère du duc d'Orléans, née au mois de mars 1753.

Descendants de Saint Louis.

Louis-Joseph de Bourbon, prince de Condé, né le 9 août 1736;

Louis-Henri-Joseph de Bourbon-Condé, duc de Bourbon, fils du prince de Condé, né le 13 avril 1756, marié à

Louise-Marie-Thérèse-Bathilde d'Orléans, née en 1750;

Louise-Adélaïde, fille du prince de Condé, née en 1757;

Louis - François - Joseph de Bourbon, prince de Conti, né le 1er septembre 1734.

Descendants de Hugues Capet.

La maison régnante en Portugal descend en ligne directe masculine de Hugues Capet dans l'ordre suivant :

Hugues Capet eut d'Adelaïde de Guienne, Robert ;

Robert eut de Constance, fille de Guillaume Taillefer, comte de Toulouse, Henri et Robert ;

Robert, fils de Robert et de Constance, créé duc de Bourgogne en 1032, eut d'Élie de Semur, Hugues, Henri, Robert et Simon ;

Henri eut de Sibile, fille de Renaud, comte de Bourgogne, Hugues, Eudes, Robert et Henri. Ce dernier étant venu au secours d'Alphonse IV, Roi de Léon (1), reçut en 1094 pour prix de ses services le Gouvernement de Portugal ou Lusitanie à titre de comté et la main d'une fille d'Alphonse. Il eut de ce mariage :

---

(1) Alphonse descendait en ligne directe masculine de Caribert, frère de Dagobert, *Mérovingien*.

Alphonse Henriquez, proclamé et reconnu Roi de Portugal bien moins par son traité avec le Roi de Castille que par les victoires qu'il remporta sur les Maures, notamment celle du 25 juillet 1139, contre cinq Rois maures, en mémoire de laquelle il mit cinq petits écus dans ses armes qui sont encore celles de Portugal.

Jean, prince du Brésil, Régent, né le 13 mai 1767, a de sa femme Charlotte Joachime, infante d'Espagne, née en 1775 :

Pierre d'Alcantara, né le 12 octobre 1798;

Michel-Marie-Evariste, né le 26 octobre 1802 ;

Et six filles nées en 1793, en 1797, en 1800, en 1801, en 1805, et en 1806.

LA VÉRITÉ NE VIEILLIT PAS.

Extrait du courrier de Londres, vol. 54, n° 8, 2 juillet 1803. Article rendu public par Monsieur, frère du Roi de France Louis XVIII.

Le 26 février 1803, un personnage marquant, puissamment autorisé, s'est présenté chez le Roi de France à Warsovie, et a fait verbalement à S. M. dans les termes les plus honnêtes, mais en même temps les plus pressants, et qu'il a cru les plus persuasifs, l'étonnante proposition de renoncer au trône de France, et d'exiger la même renonciation de *tous les membres* de la maison de Bourbon.

L'envoyé ajouta que pour prix de ce sacrifice, Buonaparte lui assurerait des indemnités et même une existence brillante.

S. M. a fait sur-le-champ la réponse suivante qu'il a remise le 28, à la personne qui lui était envoyée.

« Je ne confonds pas M. Buonaparte avec

» ceux qui l'ont précédé; j'estime sa va-
» leur, ses talents militaires; je lui sais
» gré de plusieurs actes d'administrations;
» car le bien que l'on fait à mon peuple
» me sera toujours cher; mais il se trompe,
» s'il croit m'engager à transiger sur mes
» droits : loin de là, il les établirait lui-même
» s'ils pouvaient être litigieux, par la dé-
» marche qu'il fait en ce moment.

» J'ignore quels sont les desseins de
» Dieu sur ma race et sur moi : mais je
» connais les obligations qu'il m'a impo-
» sées par le rang où il lui a plu de me
» faire naître; chrétien, je remplirai ces
» obligations jusqu'à mon dernier soupir;
» fils de Saint Louis, je saurai, à son
» exemple, me respecter jusque dans les
» fers; successeur de François Ier, je veux
» du moins pouvoir dire comme lui : *Nous*
» *avons tout perdu fors l'honneur.* »

Au bas de cette réponse est écrit.

« Avec la permission de mon oncle,
» j'adhère de cœur et d'âme, au contenu
» de cette note. » *Signé* Louis-Antoine.

Le 2 mars, le Roi écrivit à Monsieur ce qui s'était passé, et lui manda d'en faire part aux princes de son sang qui étaient en Angleterre, Monsieur se chargeant lui-même d'en donner connaissance à ceux qui n'y sont pas.

Le 22 avril, Monsieur a rassemblé les Princes qui ont signé avec autant d'empressement que d'unanimité, l'adhésion suivante à la réponse du Roi, du 28 février.

« Nous Princes, soussignés, frère, neveu,
» cousins de S. M. Louis XVIII, roi de
» France et de Navarre, pénétrés des
» mêmes sentiments dont notre Souverain
» Seigneur et Roi se montre si dignement
» animé dans sa réponse à la proposition
» qui lui a été faite de renoncer au trône
» de France, et d'exiger de tous les Princes
» de sa maison une renonciation à leurs
» droits imprescriptibles de succession à
» ce même trône, déclarons:

» Que notre attachement à nos devoirs
» et à notre honneur, ne peuvent jamais
» nous permettre de transiger sur nos
» droits; nous adhérons de cœur et d'âme
» à la réponse de notre Roi.

» Qu'à son exemple, nous ne nous prê-
» terons jamais à la moindre démarche qui
» puisse nous faire manquer à ce que nous
» nous devons à nous-mêmes, à nos an-
» cêtres, à nos descendants.

» Déclarons enfin que, positivement cer-
» tains que la grande majorité des Français
» partage intérieurement tous les senti-
» ments qui nous animent, c'est au nom
» comme au nôtre, que nous renouvelons
» devant Dieu, sur notre épée et entre les
» mains de notre Roi, le serment sacré de
» vivre fidèles à l'honneur et à notre légi-
» time Souverain.

Wanstead-House, le 23 avril 1803.

Signés, — Charles-Philippe de France (Monsieur, frère du Roi); Charles-Ferdinand d'Artois, duc de Berri; Louis-Philippe d'Orléans, duc d'Orléans; Antoine-Philippe d'Orléans, duc de Montpensier; Louis-Charles d'Orléans, comte de Beaujolais; Louis-Joseph de Bourbon, prince de Condé; Louis-Henri-Joseph de Bourbon-Condé, duc de Bourbon.

Adhésion de M. le duc d'Enghien.

Sire,

« La lettre datée du 2 mars, dont V. M.
» a daigné m'honorer, m'est exactement
» parvenue. V. M. connaît trop bien le
» sang qui coule dans mes veines, pour
» avoir pu concevoir un instant de doute
» sur le sens de la réponse qu'elle me de-
» mande. Je suis Français, Sire, et Fran-
» çais fidèle à son Dieu, à son Roi et à ses
» serments d'honneur. Bien d'autres m'en-
» vieront peut être ce triple avantage.
» Que V. M. daigne donc me permettre
» de joindre ma signature à celle de M. le
» duc d'Angoulême, adhérant comme lui
» de cœur et d'âme, au contenu de la note
» de mon Roi, c'est dans ces sentiments
» invariables que je suis,

Sire,
de Votre Majesté, etc.
Louis-Henri de Bourbon.

Ettenheim, pays de M. le Margrave
de Baden, 22 mars 1803.

Le 1er mars, le même envoyé, en exécution des ordres qu'il en avait reçus, est venu retrouver le Roi; il ne s'agissait plus du fond, mais de quelques changements dans la forme de la réponse de S. M. On paraissait craindre qu'elle n'irritât l'Usurpateur au point de se porter à user de son influence pour aggraver les malheurs du Roi. Sa Majesté a répondu qu'elle ne changerait rien à sa réponse qui était aussi modérée que possible, et que Buonaparte aurait tort de s'en plaindre, puisque enfin, si elle l'avait appelé *rebelle* et *Usurpateur* elle ne lui aurait dit que la vérité.

Alors on a fait envisager au Roi le danger : — *lequel,* a répondu le Roi? *les malveillants exigeront que l'on me retire l'asyle qu'on me donne. Je plaindrais le Souverain* qui se croira forcé de prendre un parti de ce genre, *et je m'en irai.* —Mais ne serait-il pas à craindre que Buonaparte exigeât de certaine puissance d'ôter au comte de Lille les secours qu'elle lui donne? — *Je ne crains pas la pauvreté,* s'il le fallait, je mangerais du pain noir avec toute ma famille et mes fidèles serviteurs : mais ne vous y trompez pas, je ne serai jamais réduit là ; j'ai une autre ressource dont je ne crois pas devoir user, tant que j'ai des amis puissants, *c'est de faire connaître mon état en France et de tendre la main,* non au Gouvernement usurpateur, cela jamais ; *mais à mes fidèles sujets, et croyez-moi je serais bientôt plus riche que je suis.*

A moins que tous les liens qui attachaient les hommes entr'eux soient entièrement brisés, que ne doit pas se promettre le chef d'une telle famille, à laquelle se trouve rattaché, par les nœuds le plus saints, tout ce qui existe de vénérable en Europe!.... Quatorze siècles de prospérité et de gloire auxquels tant de célèbres familles ont participé par des alliances ou par des illustrations justement acquises! . . . . Quatorze siècles de prospérité et de gloire laissent des souvenirs que les plus étonnantes révolutions ne sauraient effacer. Les efforts qu'on ferait pour y parvenir, ne serviraient qu'à les rendre plus attachants et à leur imprimer un caractère plus imposant. Le genre d'indifférence avec laquelle on a si long-temps dédaigné de se prévaloir des droits résultants d'une aussi longue possession, en attestant la confiance qu'inspirait aux possesseurs la légitimité de ces droits, avait en quelque sorte accrédité des erreurs que l'on croyait sans conséquence.

Mais, lorsqu'il s'agit de s'occuper de *légitimité*, pourquoi laisser, même au vulgaire, le fantôme de *trois races*, au lieu de *trois branches* d'un seul et même tronc, *d'une seule et même* famille?.... Pourquoi ne pas fixer d'une manière immuable la vérité consignée entr'autres dans l'histoire de France de l'Abbé de Vely, qui est entre les mains de tout le monde, cette vérité que *Pharamond était Roi d'un peuple qui n'a jamais obéi qu'aux descendants de ses premiers maîtres ?*

Combien il est intéressant d'accélérer la publication de l'ouvrage consacré aux preuves de *l'unité de famille,* dans ce qu'on a si improprement appelé les trois races des *Mérovingiens*, des *Carlovingiens* et des *Capétiens?*... Ce n'est pas pour flatter la vanité de ceux qui tiènent de près ou de loin à cette maison vraiment unique en Europe, même sur le globe. C'est principalement pour faire remarquer que nos prédécesseurs plus judicieux que nous, en adoptant cette continuité de succession de pouvoir, se sont convaincus, (comme nous devrions l'être), que le meilleur des gouvernements est celui qui est le moins exposé aux orages de l'ambition et de l'intrigue !... Le fil d'une série aussi étendue que celle de quatorze siècles, ce fil une fois rompu, quelle barrière à opposer à celui qui le lendemain se croira assez fort pour renverser ce qui aura été érigé la veille?... Rattachez donc ce fil que la scélératesse ou l'impéritie a rompu.

In omnibus respice finem.

OBSERVATIONS

Sur l'identité, l'unité de famille des trois prétendues races.

Ce n'est pas seulement de nos jours que cette vérité a été reconnue; il est même vraisemblable que la politique, loin de chercher à dissiper les nuages qui l'ont enveloppée, ait contribué à les épaissir... CLOVIS souillant sa gloire du meurtre des Rois, ses parents, pour concentrer l'autorité dans ses mains, à l'époque où chacun des membres de la famille avait sa part de la royauté... Les *Courtenai* privés, depuis leur aïeul *Louis-le-Gros*, des honneurs et des avantages attachés à la qualité de princes du sang, fourniraient d'amples commentaires des motifs qui à différentes époques ont déterminé nos Souverains à resserrer, au lieu d'étendre le cercle de leur parenté.

D'un autre côté, le genre de barbarie dans laquelle notamment l'Europe fut plongée à la chute de l'empire romain, nous ayant dérobé la connaissance, entr'autres, des faits relatifs à la naissance et aux premières années du Souverain, qui tient dans nos fastes la place la plus éclatante (1); comment pourrait-on s'assujétir à porter dans ces temps reculés le rigorisme des preuves de filiation qu'on a exigées pour les époques où la civilisation avait tant fait pour transmettre à la postérité les anecdotes les moins intéressantes?

Ainsi, en abondant même dans le scepticisme de quelques humoristes : en ne remontant qu'à *St.-Arnould* que tant de monuments attestent *ex. Stirpe regiâ*...... En nous arrêtant à *Pepin*, son petits fils, que les monuments nous représentent parvenu à l'autorité suprême, de préférence à d'autres descendants de *Clodion* et de *Mérovée*, comme procréé de la même souche; *præclara progenies quæ ex eâdem radice processerat ;* parvenu au trône

---

(1) Eginhard, l'ami, le confident, le gendre de Charlemagne, écrivant l'histoire de ce grand prince, n'a pu parler ni de sa naissance, ni de ses premières années.

par élection, ainsi qu'il fut souvent pratiqué dans nos premiers âges, ainsi que Charlemagne, lui-même, en consacra l'usage, par un de ses capitulaires, qui atteste l'unique condition de ne prendre celui à élire que *dans la famille;* toujours les filles et leur descendants exclus.

En nous bornant à ces deux bases qui établissent le *Mérovingiens* et les *Carlovingiens*, deux branches *d'une même famille*, et non deux *races;* il demeure démontré et avoué, même par *Chantereau le Fèvre* le plus rigoriste des contradicteurs de l'ouvrage intitulé *de la véritable origine*, que les *Carlovingiens* et les *Capétiens* sont deux branches de la même souche; *St.-Arnould*, par *Charles-Martel* et *Childebrand*, deux fils de *Pépin le Gros*.

Quelque négligence qu'on ait affectée jusques à ce jour à laisser l'illusion des trois races, peut-être pour ne pas reconnaître les différents rameaux si multipliés de ces trois branches : indépendamment de l'induction qu'on pourrait tirer de ce que dans les tableaux de la prétendue seconde race des Carlovingiens, on a universellement compris *Eudes*, *Robert* et *Raoul*, quoique de la même branche que les Capétiens, il restera toujours évident, que depuis *Clodion* jusques à l'assassinat de Louis XVI, les Français n'ont eu pour Rois, pendant ces quatorze siècles, que des individus *de la plus noble famille des Francs*, reconnue telle à l'époque de leur établissement sur la rive gauche du Rhin...... Il restera démontré, que si la politique de nos ancêtres a été de ne pas également reconnaître tous les individus appartenants à la maison régnante; il est de notre intérêt de réparer en quelque sorte cette injustice, et d'attacher ainsi, plus particulièrement encore, un très-grand nombre d'individus à la cause vraiment nationale (1).

Qu'on se rappèle, entr'autres, l'effet que produisirent sur tout le peuple Français,

---

(1) Dans l'ouvrage consacré aux preuves d'identité de famille, on a indiqué une foule de rameaux de ces trois branches, et on en a annoncé d'autres qui paraîtront dans des suppléments. On y trouvera entr'autres des maisons souveraines, celles de Bade, de Lorraine, de Savoie, etc.

certaines périodes de la tragédie du Siège de Calais, dans laquelle les étrangers pourraient prendre une idée assez juste de l'attachement des Français à leur gouvernement, ainsi que des motifs de cet attachement.

Aliénor, fille du comte de Vienne, gouverneur de Calais, parlant au Roi Edouard après la prise de la ville, en 1347, *acte troisième, scène septième.*

Lorsqu'en nommant un Roi nos généreux ancêtres
Ont nommé dans ses fils la race de nos maîtres :
Quand des soldats vainqueurs portaient sur un pavois
Le plus vaillant soldat père de tous nos Rois ;
D'un peuple libre et fier qui se donnait lui-même,
Tel fut le premier vœu, la loi juste et suprême,
Que son sceptre en tous temps aux Français réservé,
Jamais par d'autres mains ne pût être enlevé ;
Et si la même loi, mais sans nous faire outrage,
De ce trône à mon sexe interdit l'héritage,
C'est de peur que l'hymen qui doit nous engager
Ne couronne en nos fils les fils de l'étranger ;
Avant vous cette loi contre vous fut portée,
Écrite au fond des cœurs dont la voix l'a dictée
Elle s'est affermie, à l'ombre des lauriers,

Par trois races (1) de Rois et neuf siècles entiers.

Le Français dans son Prince, aime à trouver un frère

Qui né fils de l'État, en deviène le père :

L'État et le Monarque à nos yeux confondus,

N'ont jamais divisé nos vœux et nos tributs.

De là cet amour tendre et cette idolâtrie

Qui dans le souverain adore la patrie ;

Sublime passion d'un peuple impétueux,

De l'empire des lys fondement vertueux,

Et qui le distinguant par les plus nobles marques,

Fait à cent Souverains envier nos Monarques.

A l'époque où Aliénor est censée parler dans la pièce, les inconvénients des élections et des partages qui avaient eu lieu sous les règnes de nos premiers Rois, malgré que le choix ne pût jamais tomber que sur des individus *de la famille* : à cette époque on avait remédié à ces inconvénients, en se fixant immuablement à la loi de suc-

---

(1) On voit ici que le poète prend le mot *race* comme synonyme de branche, ayant dit plus haut *le plus vaillant soldat, père de tous nos Rois*, ce qui se rapporte à Clodion, qualifié par les historiens, le plus vaillant et le plus renommé des Rois de la nation des Francs.

cession qui a été consacrée par les États-Généraux. L'enthousiasme des Français pour leur souverain, n'a fait que s'accroître par cette disposition affermie par six siècles de l'observation la plus rigoureuse.

Cet héroïsme ne s'était pas démenti, il n'avait pas été altéré par les manœuvres de la Ligue lorsqu'on opposa aux bons Français le puissant motif de la religion pour écarter de leur trône le bon Henri IV : on tenta vainement de lui substituer un cardinal de sa famille *qui n'était pas dans la ligne de succession ;* on mit vainement à la tête des fanatiques armés sous un prétexte aussi imposant, l'imposante maison de Lorraine..... Ce fut à cette même époque que Harlai dans les mains des ligueurs leur dit, que *son âme était à Dieu, son cœur à son Roi, malgré que son corps fût en leur pouvoir....* Ce fut à cette même époque si féconde en bons et loyaux Français, comme il y en aura encore lorsqu'ils auront les moyens d'agir ;..... ce fut à cette époque qu'Edouard Molé fit rendre sur ses conclusions le célèbre arrêt en renouvellement de la déclaration *que la Couronne ne pouvait passer ni à des femmes ni à des étrangers;* ce qui fut observé lors même qu'elle était élective, ne pouvant être déférée qu'à des princes de la descendance masculine dans la famille qui, seule sur le globe, compte quatorze siècles de règne non interrompu...... *Qui pourrait-on mettre en parallèle?......* Français! le moment est venu...... Vous ne pouvez avoir de paix : vous ne pouvez reprendre votre rang parmi les nations civilisées, qu'en cédant à cette invitation.

Chant du Départ.

La victoire, l'honneur nous ouvrent la barrière :
    Nos seuls devoirs guident nos pas;
Et du nord au midi la trompette guerrière,
    Répète l'heure des combats.
    Disparais Tyran de la France,
    Avorton de boue et d'orgueil :
    Louis notre bon Roi s'avance,
    Vil traître descends au cercueil.
    L'Europe entier nous appèle,
    Sachons vaincre, ou sachons périr.
    Un Français doit vivre fidèle :
    Fidèle un Français doit mourir.

FIN.

www.ingramcontent.com/pod-product-compliance
Lightning Source LLC
Chambersburg PA
CBHW060616050426
42451CB00012B/2288